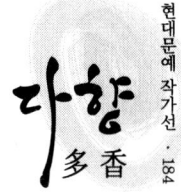

현대문예 작가선 · 184

다향
多香

| 강순임 시집 |

시인의 말

마침내
부끄러운 시들을
세상에 내놓습니다.
오랫동안
내면 깊은 곳
어두운 방에 숨겨 두었던
지난날의 이야기들을
열어젖히는 용기를 내었습니다.
힘들게 살아왔던 과정들이
자연과 가족에 대한 사랑으로 버텨왔고

그러한 삶이 제게

가장 정직한 언어를 가르쳐 주었습니다.

자연과 가족 그리고 삶을 생각하며

제가 지녔던 고통을

그대로 껴안는 법도 배웠습니다.

모든 분에게 진심 어린 사랑을 담아

이 시집을 바칩니다.

2025년 가을의 진한 향기 속에서

多香

강순임 시집 **

시인의 말 /2

1 노래하는 자연

봄의 향기 /9
가을 · 1 /10
가을 · 2 /11
달맞이꽃 /12
창평의 가을밤 /13
장미꽃 /14
개나리 피는 언덕 /15
대나무 소리 /16
봄 /18
담쟁이 /19
월봉산 /20
대나무 사랑 /22
낙엽 /23
가을이 오는 풍경 /24
자연의 향기를 품은 시 /25
보리꽃 /26
갈대 /27
강천사 /28
소나무 /29
한여름의 추억 /30
벚꽃 /31
늦여름 /32
억새 /33
고추 따기 /34

** 多香

2 소중한 인연

사랑하는 사람아 /37
어머니란 /38
어머니 그리움 /39
보고싶은 어머님 /40
남편 사랑 /41
친구여 /42
당신 /43
오래된 친구 /44
사랑하는 연우 /45
내 사랑 아들 /46
손녀 사랑 /48
인연 /49
나는 왜 /50
나의 사춘기 /52
나, 나는 /53
손수건 /54
그리움 /55
외로움 /56
예술 같은 삶 /57
담양 어머니의 노래 /58
고마운 사람 /59
할매들의 수다 /60

강순임 시집 **

3 아름다운 삶

희망 /63
새벽 /64
화투 /65
창평 쌀엿 /66
오일장 /68
주전부리 엿 /69
개구리 왕자 /70
시간 /72
빈 의자 /73
검정 고무신 /74
고향 /75
주경야독 /76
슬로우 슬로우 /77
가만히 /78
그림자 /79
한 여름의 추억 /80
우리 덕이 /81
사랑 속에 핀 생명 /82
늙어간다는 것 /84
목욕탕 /85
작은 손에 담긴 세상 /86
합격 엿 /87
어둠을 헤집고 피어난 시 /88

부록 자연의 향기를 담은 이야기 /91
작품론 김해민 /107

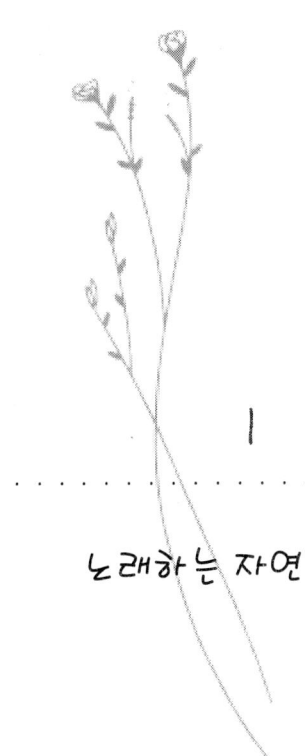

1
. . . .
노래하는 자연

봄의 향기

봄의 전령사
매화가 지고 난 자리

복사꽃 자두꽃 살구꽃
은은한 향기로
드러내는 청순한 자태

풋풋한 산골에
진달래 싸리꽃 보듬고
설렘으로 다시 찾은 봄

감사와 기쁨
희망과 기대로 가득한
용기로 엮어진 시간

파릇파릇 들판에
스며드는 향기
밀려오는 봄 내음

가을 · 1

하늘도 땅도
캔버스(canvas)거나
화선지다

쪽빛으로 바탕칠한
하늘 캔버스엔
양떼가 놀고
고래가 춤춘다

땅의 화선지엔
오색의 풀꽃들과
바람을 등에 업은
빨간 고추잠자리

조불수가 비춰주는
햇살 조명 아래서
나는 그저 감탄할 뿐
점 하나 찍을 수 없다

가을 · 2

티없이 파란 하늘
그 아래 금빛 햇살
신선한 바람결에
출렁이는 황금 들판

오솔길에 다소곳이 핀
들국화 코스모스
빨간 고추잠자리도 덩달아
가을을 등에 업고 날고 있네

하얀 손수건을
하늘 높이 던지면
쪽빛물이 들것만 같다
아~! 눈부시게 아름다운 가을을
마흔 여덟번째 맞고 있네

달맞이꽃

어스름이 돋는 저녁
애태우는 빛바랜 가슴

부푸는 그리움에
갈 길 멀어도

어둠 속 달을 찾아
몸부림치는 꽃이여

창평의 가을밤

차오르던 노을이
산사의 저녁 종소리에
어둠으로 흩어지고
새들도 속세를 떠난다

방울방울 맺힌 눈물 바라기
풀벌레 소리
잦아드는 귀울음
애간장을 녹인다

풀뿌리 마른 입술
밤이슬로 목 축이고
가쁜 숨 다독이며
고개를 들어 하늘을 본다

산허리 휘감아
억새도 일어서니
창평 하늘에
가을 달이 높다

장미꽃

무더기로 지는 장미꽃
붉게 피어올랐던 청춘도 가고
뜨거운 폭염의 열기를 안고
또 한 고개를 넘는다

여름 가고 가을 오면
내 풋풋한 시절도
어디로 가는 걸까

꿈처럼 가고 오는
시간이여 세월이여

소리 없이 스치는 갈바람
어디에서 흘러왔다
어디로 가는지

하염없이 찾아오는
붉은 그리움, 장미여

개나리 피는 언덕

뜬소문 잠재운 흔적마다
삶의 고비가 애달팠다

잦아든 맥박 소리
눈자위 시리도록
뜨겁게 휘도는 가슴

겨우내 움츠렸던 자리
구름보다 가볍게
꽃들이 가지런하다

대나무 소리

대숲 바람의 노래가
울려 퍼지네
꼿꼿한 그 자세
우리 마음을 사로잡네

하늘을 향해 쭉쭉
뻗어가는 그 모습
강인함과 우아함을
함께 품고 있네

비바람이 몰아쳐도
흔들리지 않고
꼿꼿하게 서 있는
그 모습은 우리의 영웅

대나무처럼
강해지고 싶어
어떤 어려움도 이겨내며
살아가고 싶어

천년을 살아도
변함없는 그 마음
대나무처럼
변치 않는 믿음 되길
오늘도 나는
대나무 숲에서 배우네

봄

봄이 오려나
가슴 졸이며 기다리지만
얄미운 찬바람
철 지난 눈과 겨울
다시 안겨 준다

만개를 기다리며
기지개 켜던 개나리
꽃봉우리 숨기다가
추위에 맞서려는 듯
향기를 품어 낸다

담쟁이

복잡한 건 잠시
마음 한구석에 제쳐두고
가벼운 옷차림으로
혼자서 걷고 싶을 때가 있다

익숙하지 않은 길
가도 가도 헤맸을 때
눈에 익은 담쟁이 덩쿨
너울너울 춤을 추듯이
쭉쭉 뻗어 있다

담쟁이를 노래하며
자연 속 주인공이 되었다

월봉산

어제도 가고
오늘도 어김없이
월봉산 자락에
무거운 몸을 싣고 나선다

눈부시도록 익어가는
들판의 황금색 벼 이삭들
햇살 스며드는 숲속을
싸목싸목 걸어가며
맑은 자연 향기 들이킨다

언덕길 옆 소나무 뒤
숨어 있던 다람쥐 노루
고개들어 반갑게 인사하고
까치들은 깍깍 합창한다

때론 웃고 때로는 힘겨운
내 작은 삶의 모습이지만
자연 속에 살아 있음에
모든 것이 소중히 다가선다

오늘도 내일도
진정 행복임을 느껴보리라

오늘 산행길은 한결 발걸음이 가볍다

대나무 사랑

우리 사랑은 영원히 푸른빛으로
한 겨울에도 시들지 않는
청죽 같은 대나무를 닮고 싶다

받기보다는 주며
원망보다는 끊임없는 사랑으로
촛불처럼 내 몸이 불타오를지라도

웃으면서 하늘을 볼 수 있는
넓은 영혼의 깊이를 간직하고 싶다

낙엽

붉게 타오르던 여름의 열정
갈색으로 물들어 떨어지네

바람에 흩날리는 마지막 춤
사라지는 것은 새로운 시작을 위한 것

밟히는 소리에 귀 기울여 보렴
지난날의 추억을 노래하고 있네

사라지는 것이 슬프지만은 않아
새싹을 틔울 든든한 거름이 되리니

가을이 오는 풍경

뜨거운 여름의 끝자락
매미 소리 잠들고
귓가에 서늘한 바람이 스치네

초록빛 옷을 벗어 던진 나무들
울긋불긋 새 옷으로 갈아입고
파란 하늘엔 옅어져 가는 구름

황금빛으로 물든 들판 지나
길가에 코스모스 하늘거리면
가을이 오고 있음을 알게 되네

스산한 바람에 실려오는
풋풋한 흙 내음과
익어가는 과일의 달콤한 향기

내 마음도 덩달아
깊어 가는 가을 풍경 속으로
조용히 스며드네

자연의 향기를 품은 시

높은 빌딩 숲 벗어나
바람 살랑거리는 언덕에 서면
세상의 모든 소란 들리지 않고

나무들 속삭이는 소리
숲속 새들 지저귀는 소리
이 모든 것이 나를 위로하네

아스팔트 대신 흙길을 걷고
탁하지 않는 맑은 공기 마시면
치유되는 세속에 지친 마음

이토록 모든 것을
아낌없이 주는 자연에 안겨
맘껏 퍼뜨리는 시향詩香

보리꽃

황금빛 들판을 꿈꾸며
푸른 물결 일렁이는
이름 없는 작은 꽃

바람이 불어올 때마다
나지막이 흔들리며
소리 없이 피어나는 너

화려하지 않아도 괜찮아
그 자체로 아름다운 너의 순수함
고개 숙인 겸손함이 더 눈부시네

가난한 시절의 배고픔을 달래주던
수많은 생명의 뿌리가 된
작고 소중한 꽃, 보리꽃이여

갈대

은빛 물결 일렁이는
강가에 서서 바람을 맞네
흔들리는 대로
쓰러지지 않고
묵묵히 겨울을 기다리는
고독한 여행자여

화려한 꽃이 아니어도 괜찮아
소리 없이 피어나
고즈넉한 풍경을 만들고
마른 몸으로 노래하네
스산한 바람 속에서도
우아함을 잃지 않는 너

가만히 귀 기울이면 들려오는
사각거리는 속삭임
세상 모든 것을 품은 듯
고요한 목소리로 나를 위로하네
쓸쓸한 바람에 흔들리는
갈대, 너는 나의 친구

강천사

고즈넉한 산사의 아침
안개 속에 잠든 강천사
고요히 흐르는 시냇물 소리
마음의 번뇌를 씻어내네

천년의 세월을 품은
느티나무 아래 서서
바람에 흔들리는 풍경 소리 들으니
세속의 시름 잊게 되네

붉은 단풍잎 물든 가을
구장군폭포 시원한 물줄기
하늘 향해 뻗은 소망을 담아
절벽 아래로 쏟아져 내리네

사계절 아름다운 풍경으로
지친 이들의 마음을 위로하는
강천사, 그곳은
나의 안식처가 되리

소나무

늘푸른 소나무
겨울 찬 바람 매섭게 불어도

그 기개 굽히지 않고
푸른 잎 더욱 선명히 빛내어
봄 아지랑이 피어오를 때 가만히 새싹 틔워
그윽한 향기 세상 가득 채우네

여름 소나기 억수같이 내려도
단단한 뿌리 땅 깊이 내려
고요히 제자리 지키며 서있네

가을 단풍 온 산을 태워도
홀로 푸른 빛 잃지 않고
변치 않는 지조를 이야기 하네

한여름의 추억

태양은 작열하고
하늘은 하얗게 질린 날
아지랑이 피어오르는
아스팔트 위 끓어오르는 38도

숨이 턱 막히는 더위 속
나무 그늘 아래 한숨 돌리며
차가운 물 한 모금에
작은 행복을 느껴 본다

밤이 되어도
식지 않는 열기
잠 못 드는 이 밤
그래도 이 또한 지나가리

소나기 한줄기 시원하게 내리면
뜨거운 여름은
또 하나의 추억이 되겠지

벚꽃

봄바람에 실려 온
분홍빛 설렘
앙상한 가지 끝에
하얀 꽃망울 터뜨리네

꽃비 되어 흩날리는
아름다운 순간
세상이 온통
사랑으로 물들어가네

짧은 시간이지만
가장 눈부시게 빛나는
너의 아름다움에
내 마음도 설레어
봄날의 꿈을 꾸네

늦여름

장미꽃 무더기로 진다
붉게 피어올랐던 걸음은 가고
여름의 뜨겁던 열기를 안고
계절의 고개를 넘는다
여름 가고
가을 오면
내 한 시절도 가고 오는데

아,
꿈처럼 오고 가는
시간이여
세월이여

소리 없이 스쳐가는
때 이른 가을바람은
어디에서 불어왔다
어디로 가는가

억새

화려한 빛깔 없이
오직 은빛으로 물들 머리칼

바람이 스칠 때마다
수천 개의 가는 손이
사각 사각
가을의 속삭임을 나눈다

억새꽃 군락 속을 걷노라면
내 안의 모든 허망한 것들이
저 은빛 파도에 실려
멀리 멀리 흘러가는 듯하다

고추 따기

이글거리는 8월의 땡볕이
고추밭 비닐 멀칭 위에
눈부시게 부서진다

장마를 견디고
폭염을 이겨낸
푸른 잎사귀 그늘 아래
보석처럼 숨어 익은 열매들

손목에 바구니 걸고
허리 숙여 고랑으로 들면
세상 가장 붉고 매운 기운에
핫 핫 핫

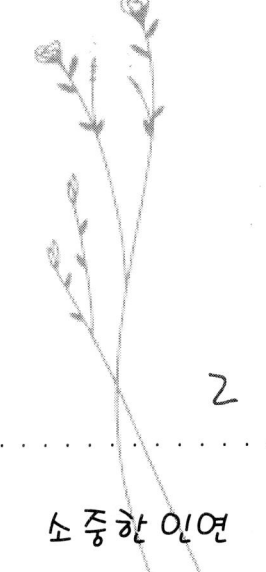

2

. . . .

소중한 인연

사랑하는 사람아

우리도 사철 푸른 대나무를 닮아
단풍 들어 떨어지는 사랑 말고
마음 변하지 않는 우리가 되자

사랑하는 사람아
바람 불어도 잠깐 흔들릴 뿐
부러지지 않는 대나무를 닮아
어려움이 우리 앞을 막아도
웃으면서 하늘을 보자

사랑하는 사람아
눈비에 젖은 대숲도
제 몸 털어내기도 전
찾아온 산비둘기 안아서 재우듯
우리 외롭고 서러울 때
가슴으로 재워주는 우리가 되자

어머니란

불러만 봐도 가슴이 먹먹해집니다
당신 육신 다 바쳐 키워내신 오남매
세월이 나를 키운거라 믿었던게지요

방 한칸에 전기도 없던
어렵고 힘들었던 그 시절에
어머니의 따스한 손길이 있었지요

어느새 손자 손녀를 보는
나이가 된 나의 지금 모습에서
어머니의 그림자를 찾고 있습니다

이렇게 행복을 갖게 해준
어머니의 그리움에 덧칠해가며
어제도 오늘도 맞이하고 있습니다

어머니 그리움

어머니
비가 오는 날이면
이렇게 비가 오는 날이면
나에게 달려와 우산을 씌어주시던
어머니가 생각납니다

어머니
저의 몸에 비가 덜 닿게 하려
우산을 내 쪽으로만 밀어내다가
비 흠뻑 젖는 어머니의 모습이
나의 가슴을 먹먹하게 합니다

비가 오는 날이면
우산을 펼칠 때마다
달려 오신 그때가 생각납니다

보고싶은 어머님

엄마라고 부르고 싶은
두 글자

아무리 불러도 불러봐도
또 부르고 싶은 엄마

명절 다가오는데
엄마는 아니 계시니
엄마가 차려준 나물을
먹고 싶다

엄마의 손맛
엄마의 모습
선명히 떠오른다

천국에 계신 엄마
극락 영생하시어
평안히 편안히……

남편 사랑

별들이 빛나는 밤하늘 아래
내게 온 그대는 따뜻한 별 하나

길 잃은 나를 안아준 든든한 품
힘겨운 날에도 변치 않는 사랑

그대와 함께 걷는 길은
모든 계절이 아름다운 꽃길

지친 어깨를 감싸는 다정한 손길
그 손 놓지 않고 평생 함께 걸으리

친구여

그 시절 푸른 꿈을 함께 꾸던
웃음소리 가득했던 우리의 날들

말하지 않아도 알 수 있었던 마음
묵묵히 서로의 곁을 지켜주던 시간

때로는 다투고 토라지기도 했지만
돌아서면 다시 그리워지는 이름

세월이 흘러 주름이 깊어져도
우리의 우정은 변치 않으리

삶의 고단함에 지쳐 쓰러질 때
가장 먼저 손 내밀어 줄 친구여

당신

꽃이 피는 봄날의 햇살처럼
나의 마음을 따스하게 비추는 당신

어둠이 내린 밤하늘의 별처럼
길 잃은 나에게 빛이 되어준 당신

때로는 거친 바람처럼 나를 흔들고
때로는 잔잔한 바다처럼 나를 품어주네

내 삶의 가장 아름다운 페이지
모든 순간을 함께하고 싶은 단 하나의 이름

오늘도 내일도 영원히 사랑할
나의 소중한 당신

오래된 친구

마치 흑백 사진처럼
빛바랜 기억 속에서
환하게 웃고 있는 너와 나

서로의 첫사랑을 응원하고
가슴 아픈 이별에 밤새 울어주던
철없던 시절의 우리

말하지 않아도 알 수 있는 마음
어색한 침묵조차 편안한 시간
가끔 만나도 어제 만난 듯 익숙한 우리

수많은 계절이 바뀌고
세월의 흔적이 깊게 패여도
우리 우정은 변치 않으리

삶의 끝에서 뒤돌아보았을 때
가장 먼저 떠오를 이름, 오래된 나의 친구

사랑하는 연우

네가 처음 이 세상에 왔을 때
할아버지, 할머니는 작은 빛나는 별을
품에 안은 듯했단다

반짝이는 눈빛으로 세상을 담고
작은 손으로 세상을 만지려 했지

네가 웃으면 온 집안에
봄 햇살이 가득하고
네가 자라는 하루하루는
우리에겐 가장 큰 축복이지

너는 세상에서 가장 귀한 별

내 사랑 아들

어머니에게 아들은
삶의 가장 든든한 버팀목이죠
그 마음을 담아 시를 써 드릴게요

나의 든든한 버팀목, 나의 아들에게

세월의 강물은 잔잔히 흐르고
내 어깨 위 쌓인 무게는
가끔은 버겁게 느껴질 때가 있어

그럴 때마다 너는
나의 삶에 굳건히 뿌리내린
한 그루의 든든한 나무가 되어주었지.

네가 처음 내 품에 안기던 날,
세상은 온통 너의 눈빛으로 빛났고
작고 여린 손으로 나의 손을 감싸던 순간
내 세상은 너로 인해 온전해졌어

때로는 거센 바람처럼 다가와
나를 흔들기도 했지만
결국 너의 존재 자체가
나를 지탱하는 힘이 되어주었지
가끔은 너의 뒷모습에서
성장한 너의 키만큼
깊어진 나의 그림자를 보지만
그래도 괜찮아 아들아,
네가 나의 든든한 버팀목인 것처럼
나 또한 너의 영원한 편이 되어줄 테니

너라는 이름의 따뜻한 울타리 속에서
나는 오늘도 평안을 얻고
내일을 살아갈 용기를 얻어

나의 소중한 아들아,
너는 나의 가장 빛나는 자랑이자
세상 무엇과도 바꿀 수 없는
나의 든든한 버팀목이란다

손녀 사랑

보고 또 봐도 그립고
하루 종일 생각나는
내 삶의 가장 큰 선물
사랑하는 나의 손녀 하영이

주름진 손으로 쓰다듬는
고운 머리칼에서
흘러내리는 행복의 반짝임

너의 손을 잡고 걷는 길이
내 인생의 가장 아름다운 길
사랑한다, 내 귀한 보물아

인연

수많은 스침 속에 당신을 만났습니다
수없이 많은 길 중에
같은 길을 걷게 되었습니다

바람이 불어 나뭇잎이 흔들리듯
우연처럼 시작된 우리의 만남
그러나 우연이 아닌 필연이었습니다

마음과 마음이 맞닿아
하나의 강물이 흐르듯이
우리의 시간은 그렇게 이어졌습니다

헤어짐과 만남이 반복되는 세상
당신이라는 소중한 인연에
오늘도 감사하며 살겠습니다

나는 왜

가을이 찾아왔다
이 나이에도
설렘이라니

가을이 시작되면
옛일들이
오롯이 되살아나고

가을이 깊어지면
그대를 보고 싶은 그리움이
가슴을 저민다

가을이 지나가면
마른 나뭇가지
한 잎 외로움으로 매달려

겨울이 오면
그대의 뒷모습으로
멀어져 가겠지

우리의 가을을
나는 왜
붙잡지 못할까

겨울 앞에서 그대를
나는 왜
보고만 있을까

나의 사춘기

세상이 온통 물음표로 가득했던 시간
거울 속 낯선 얼굴과 마주하며
나는 누구인가, 끊임없이 방황했지

이유 없이 서러웠고
작은 일에도 크게 화를 냈던 날들
나만의 섬에 갇혀 홀로 울기도 했네

넘어지지 않는 법을 배우기보다
넘어져도 괜찮다는 위로가 필요했던
아프고 외로웠던 나의 계절

그때의 나는 몰랐지
이 모든 폭풍 같은 시간이
어른이 되기 위한 통과의례였다는 것을

이제야 알 것 같아
조금은 서툴렀지만
가장 뜨겁고 빛났던 시절이었음을
나의 사춘기

나, 나는

나는 세상의 모든 것을 담는 그릇
기쁨과 슬픔, 사랑과 미움을
모두 품고 있는 작은 우주

나는 끝없는 길을 잃는 방랑자
수많은 선택의 갈림길에서
헤매고 또 헤매며 나를 찾아가네

나는 매일 새롭게 태어나는 아이
어제의 내가 오늘의 나를 만들고
오늘의 내가 내일의 나를 빚어내네

나는 세상에서 가장 솔직한 거울
나의 눈을 통해 세상이 보이고
세상의 눈을 통해 내가 보이네

나는 나를 사랑하고 싶다
가장 나답게 빛나는 순간을 위해
오늘도 나에게 이야기한다
"사랑한다, 나~

손수건

당신의 눈물이
마른 손수건에 스며들어
한 조각 시가 되었습니다

젊음이 마르기 전
당신의 슬픔이
손수건의 흰 공간에 번져
먹물처럼 짙은
그리움이 되었습니다

접고 펼치기를 반복하던 흔적은
오래전의 아픔을
다시금 떠올리게 합니다

때로는 잊었다 생각했지만
접힌 자국처럼 선명하게 남아
끝없이 덧씌워지는
상처들을 이야기합니다.

그리움

당신의 푸른 가슴을 열고
황금빛으로 활짝 피어나서

초록색 하늘이여
당신이 있는 어느 곳은
푸른 향기가 피어올라
나를 취하게 한다

눈을 감아도 스치는
그림자처럼
가만, 가만히
다가가고 싶어진다

외로움

보아라
저 하늘을 쳐다 보아라

보이지는 않고
복잡한 길 위에
나는
떠돌고 있다

갈곳이 없는
누군가는 생각하며
외로움에 지쳐서
시간만 흘러간다

아 -
시간이여

예술 같은 삶

새벽 공기 마시며 눈을 뜬다
오늘도 힘차게 하루를 시작한다
무거운 발걸음 내딛지만
가슴은 뜨거운 열정으로 가득하다

넘어지고 쓰러져도 괜찮다
다시 일어설 힘이 남아 있으니까
포기하지 않는 용기로
내일을 향해 나아간다

지금 이 순간을 사랑한다
나를 채워가는 소중한 시간들이니까
땀과 노력으로 피어난 꽃처럼
가장 아름다운 모습으로 빛나리

오늘도 나는 열심히 살고 있다
꿈을 향해 한 걸음 더 나아간다
나의 삶은 곧 예술이 되리라
가장 아름다운 이야기로 기억되리라

담양 어머니의 노래

저 푸른 대숲은 어머니의 등
곧게 뻗은 마디마디 세월의 결

메타세쿼이아 길따라
걸어온 길었던 인생길
따스한 햇살 아래 그림자처럼
늘 함께 하였던 당신

고향의 품
담양처럼 포근하고 넉넉한
우리 어머니의 영원한 사랑

아- 담양은
어머니의 아픔
어머니의 사랑
대나무처럼 영원히 푸르리

고마운 사람

가끔은 길을 잃은 듯
혼자 서성일 때가 있다

어디로 가야 할지 막막한
어둠 속을 걸을 때도 있다

어렵고 힘든 순간에

멀리서 반짝이는 별처럼
은은하지만 분명한 빛으로
나에게 큰 힘이 되어주는
그 누구

당신의 존재는
나의 영혼에
끊임없이 흐르는
맑은 샘물

할매들의 수다

낡은 평상에 모여 앉아
감자 깎는 손놀림은 바쁘고
주름진 얼굴엔 웃음꽃이 피었네

어제 밭일 하던 얘기부터
손주 녀석 재롱 자랑까지
마르지 않는 이야기 보따리

'아이고, 내 팔자야!'
한탄 섞인 푸념도 잠시
'그래도 사는 맛이지'
넉살 좋은 웃음소리

해가 서산에 기울도록
정겨운 이야기꽃 피우다
'내일 또 보자'
아쉬운 작별을 고하네

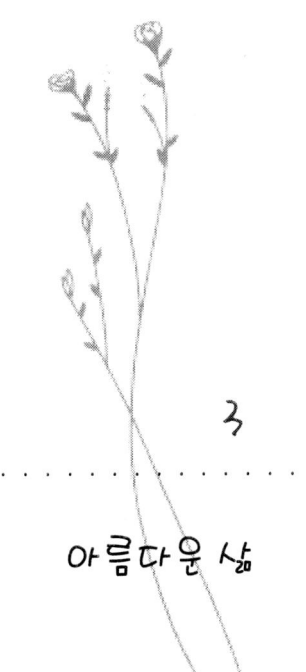

3

아름다운 삶

희망

가파른 산길을 오른다
숨이 차고 다리아파
지팡이 짚고 오른다

허위허위 오른 끝자락
천 길 아래로 떨어지는 물줄기
떨어지다 날개를 편 물방울들
일곱 빛 무지개로 피어난다

길의 끝자락에서 떨어져도
꿈처럼 피어나는 아름다움이여
낙하를 딛고 비상하는 희망이여

새벽

아침을 깨우는 소리
창밖에 새들 지저귄다
神이 주신 귀한 선물
하루를 받아 들고
새들이 즐거워한다

아, 내게도 소중한 새벽이여!
어제 죽은 누군가에겐
더욱 소중한 오늘이여!

창문을 연다
아침을 연다
귀한 하루의 문을 열고
가볍게 댓돌을 딛는다

화투

모이자 모이자
고개를 끄덕끄덕 하더니
아랫방에서 난리났다

목이 마르고 일어날 수 없는
그림속에 비광 솔광 똥광
온 방에서 화투짝이 짝 갈렸다

큰소리로 외치는 소리
엉덩이를 벌떡 일어나 크게 웃더라
쌌다- 쌌어-
웃음이 가득한 광경이 보인다

창평 쌀엿

창평쌀엿
그 달콤함처럼
고향의 추억
따뜻함이 가득해

백설공주 마음
사로잡은 그 맛
오늘도
우리의 입맛을 돋우어
명인 손끝에서
태어난 예술

바삭바삭 식감
그리운 향기를 품고
시간의 흐름 속
변함없는 진실
창평 쌀엿

우리의 마음을 녹이어
전통의 맛

세대를 넘어 전해지는
창평 쌀엿

그 소중한 가치를 기리며
오늘도 우리는
한 조각 음미하네

오일장

손꼽아 기다려진다
다섯 손가락

일 년 동안 가꾼 농사에
보따리를 풀고
고추 깨 콩
풀어놓는다

어머니 손길에는
정성이 가득가득

오일 장날의
기나긴 세월이
오늘도 준비하며
우리는 기다려진다

주전부리 엿

화롯불 위에
젖은 수건 올려놓고
밤새 방문 여닫고
찬바람 쐬어가며
갱엿을 늘여 만든다

바삭바삭하고
담백한맛
쌀 엿!
길고 추운 겨울밤
주전부리로 제격이다

개구리 왕자

개구리 된 왕자
마법에 슬퍼하네

다시 사람 되어
사랑 찾고 싶은데

입맞춤으로 깨어나길
희망하며 기다려

공주 만나려면
모습 바뀌어야 하네

마법사는 왜
그런 저주를 걸었을까

왕자는 뭘 잘못해
그런 벌 받을까

다시 사람 되어
행복 찾을 수 있기를

개구리왕자
그 운명
누가 알까

시간

추운 겨울은
인고의 시간이었다

엿기름으로 식혜를 만들어
솥 불에 젓고 또 저어
달착지근한 호박빛 조청
더 졸여 단단히 굳힌 붉은 갱엿
잡아 늘이며 공기를 넣으니
가락가락 긴 흰엿

새봄에는
땀의 대가를 바라본다

아이들도 키우고
살림도 늘리고
조상님의 지혜와 은혜
우리의 전통을 이었다

빈 의자

누구라도 앉아본다
반겨준 의자
빈 의자

살며시 앉아보지만
쉬어 갈 수 있는 의자

든든하게 버텨주고
쓸쓸함을 채워준다

내일도 찾아온 아침이면
나를 반겨준 의자에 앉아
시를 생각한다

검정 고무신

골목길 뛰놀던 어린 시절
닳고 닳아 반짝이던 검정 고무신

비 오는 날 웅덩이 첨벙거리며
흙투성이가 되어도 좋았던 날

투박하지만 든든했던 내 발
아낌없이 달려주던 벗이여

세월이 흘러 빛바랜 사진처럼
추억 속에 정겹게 남아있네

고향

마음속 깊이 새겨진
그리움의 조각
굽이굽이 정겨운 산길과
졸졸 흐르던
맑은 시냇물 소리

새벽안개 자욱한
들판 가로질러
학교 가던 발걸음
언제나 설렜지
어머니의 따스한 품 같던 그곳

이제는
빛바랜 사진처럼 희미해져 가도
가끔씩 꿈속에서 헤매다
눈을 뜨면 가장 먼저 떠오르는 이름

내 모든 추억이 잠들어 있는
따뜻한 나의 고향

주경야독

낮에는 땀 흘려 일하고
밤에는 책을 펴는 그대여
꺼지지 않는 등불 아래
꿈을 향한 열정 불태우네

고된 하루의 끝
지친 몸을 이끌고 앉아
한 글자 한 글자 새겨 넣는
미래를 향한 희망의 씨앗

세상의 소란이 잠든 시간
고요 속에 피어나는 지혜의 꽃
어둠 속에서도 빛을 잃지 않는
그대의 노력이 아름답다

그대의 땀과 노력이
언젠가 활짝 피어나
세상을 밝히는 등불이 되리라

슬로우 슬로우

복잡한 세상의 속도에 맞춰
숨 가쁘게 달려온 나날들

잠시 멈춰 서서
나를 돌아보는 시간
느리게 걷는 법을 배우네

넘어지면 넘어진 대로
쉬어가면 쉬어가는 대로
그렇게 흘러가는 대로

가끔은 멈춰 서도 괜찮아
조금은 뒤처져도 괜찮아
인생은 경주가 아니니

느리게 흐르는 강물처럼
천천히, 조용히
나만의 속도로 걸어가는 거야
슬로우 슬로우

가만히

가만히 창가에 앉아
빗방울이 유리창을 타고 흐르는 걸 본다
바람에 흔들리는 나뭇가지 소리를 듣는다
세상의 모든 소음이 멈춘 듯
고요한 시간이 나를 감싼다

가만히 눈을 감고
내 안의 나를 들여다본다
지친 어깨에 내려놓은 짐들을 느끼고
혼자였던 시간의 조각들을 주워 담는다
아무것도 하지 않아도 좋은
참 평화로운 이 순간

가만히 숨을 쉰다
들이쉬고 내쉬는 숨결 하나하나에
온전히 나만을 위한 시간이 흐른다
잠시 멈춰 서서
나를 안아주는 시간
가만히, 그대로

그림자

햇살이 드리운 길 위에
언제나 나를 따라오는 너

내가 웃으면 너도 웃고
내가 울면 너도 우는
또 하나의 나

때론 나보다 앞서가고
때론 나보다 뒤처지는
너의 발걸음

어둠이 내리면 사라지지만
빛이 비추면 다시 나타나는
가장 솔직한 나의 모습

언제나 나의 곁을 지키는
말 없는 나의 친구
나의 그림자여

한 여름의 추억

태양은 작열하고
하늘은 하얗게 질린 날
아지랑이 피어오르는
아스팔트 위 끓어오르는 38도

숨이 턱 막히는 더위 속
나무 그늘 아래 한숨 돌리며
차가운 물 한 모금에
작은 행복을 느껴 본다

밤이 되어도
식지 않는 열기
잠 못 드는 이 밤
그래도 이 또한 지나가리

소나기 한줄기 시원하게 내리면
뜨거운 여름은
또 하나의 추억이 되겠지

우리 덕이

누런 큰 몸짓 덕이가 쌍둥이를 품었다
10개월 사랑의 몸짓 뒤뚱뒤뚱
되새김 하얀 거품이 입가에 방울방울

깊고 푸른 눈 가득 이른 봄 새 풀 그리메
덕이의 사랑 들판 가득 출렁이고
두 큰 눈 꿈벅꾸움벅 어서어서 나오렴

이른 새벽 올려다본 시곗바늘 두 손일 때
덕이의 쌍둥이 새끼 손을 꼭 마주 잡고
다시는 오지 못할 곳 하늘나라로 떠났으니

모진 게 목숨이라 어찌할꼬 엄마 덕이
눈물조차 메마른 낮고 짙은 흐느낌
잘 가라 우리 아가야 덕이의 이별 노래

사랑 속에 핀 생명

칠흑 같은 밤, 새벽 두 시
어둠 속에서 솟아나는 생명의 신음
열 달 품어온 사랑의 무게
어미 소의 가슴은 터질 듯 부풀어 오른다

물보가 터지는 소리, 음매!
온몸을 짓누르는 고통의 비명
그러나 그 속에서 피어나는
새로운 삶의 희망

온몸이 땀으로 젖어들고
지쳐 쓰러질 듯 하지만
어미 소의 눈은 빛으로 가득하다

새끼를 향한 뜨거운 사랑의 눈빛
마침내 아기 소가 태어났다
축축하고 가녀린 몸을 떨며
어미 소는 따뜻한 혀로 핥아주고
고단한 하루가 비로소 끝이 난다

새벽 두 시, 이 세상 가장 아름다운 순간
고요한 밤을 깨우는 생명의 노래
모든 것을 바친 어미 소의 사랑은
그렇게 또 다른 시작을 알린다

늙어간다는 것

하루가 다르게
피부가 늙어가는 모습

무너져 내리는 육신의 뼈들
돌아 누울새라 아이쿠 아이쿠

그동안 쌓여가는 세월 속에
슬픔 한가득
눈물 한 바가지
아픔들이 하나하나 떠오른다

하지만 즐거웠던 순간들이
기뻤던 날들도 있었기에
손가락 꼽아가며 더듬어 본다

아- 그날들이여

그래서
산다는 것은 결코
쉬운 것이 아니라 하네

목욕탕

자욱한 김에 세상 시름 걷히고
수도꼭지 아래 나란히 앉은 알몸들
허물 벗듯 무거운 이야기도
자연스레 흘러나오네

우리 애는 좋은 곳에 취직 했다네
뭐야 우리 애는 아직 아닌데
서로의 등 밀어 주면서도
마음을 헤아리네

냉탕과 온탕 사이
새로 태어난 듯
가벼워진 몸에 마음으로
환한 얼굴 미소 짓네

작은 손에 담긴 세상

고사리 손들이 모여
새로운 세상을 만졌네

가마솥의 깊은 숨소리
서서히 잠잠해질 때
단단한 갱엿이 되더니
두 손으로 쭉쭉 늘어날 때마다
새하얀 옷으로 갈아입는 너

공기 방울 소리
그 구멍마다 바삭
경쾌한 웃음소리 담고
치아에 달라붙지 않는 깔끔한
옛 추억처럼 좋아 좋아

합격 엿

밤을 지새운 노력
땀방울의 무게
불안했던 모든 순간을
달콤한 위로를 하는 한 조각

엿처럼 단단하게
믿음을 붙이고
엿처럼 끈끈하게
실력을 묶어
빛나는 결실 앞에 당당히 서서
이제 힘껏 깨물어 삼키렴

그 달콤한 기쁨이
머지않아 너의 것이 될테니

합격이 길처럼 뻗어가는
축복의 엿이여

어둠을 헤집고 피어난 시

어둡던 밤, 별 하나 없는 하늘 아래
쓰린 배를 움켜쥐고 누웠었지
차가운 바람이 창틈을 비집고 들어와
가슴 시린 눈물 대신 흘렀네

메마른 땅에 씨앗 하나 심듯
작은 희망을 가슴에 품었지
넘어지고 깨어져도 다시 일어서
흙먼지 털어내며 걸어왔네

숱한 밤을 뜬눈으로 지새우며
켜켜이 쌓인 설움을 삼켰고
찬란한 태양 아래 웃을 날을 꿈꾸며
버티고 또 버텼지

이제 보니 그 모든 시간들이
나를 단단하게 빚어낸 거였네
상처투성이의 발자국마다
내 삶의 이야기가 꽃처럼 피어 있네

나는 이제 더 이상
어둠 속에 있지 않아
두 발로 굳건히 서
빛을 향해 걷지
내 삶의 시는 아직 끝나지 않았으니
마지막 장을 향해 나아가네

부록

자연의 향기를
담은 이야기

계절이 바뀌는 길목에서

 가을이 깊어가면서 어느새 황금 물결치던 벼 이삭들은 사라지고 들판엔 고즈넉한 쓸쓸함이 감돌고 있다. 아침마다 맑은 이슬방울이 기와를 타고 굴러 떨어지는 소리, 앙상해지는 나뭇가지에 깃든 새 지저귐이 들려오고, 차고 깨끗한 공기 속에는 벌써 국화 향기가 물씬 배어 있다. 수선화, 앵초, 장미 등 온갖 아름답고 화려한 꽃들이 모두 사라진 뒤에, 소박하고 수줍은, 그러나 고상한 자태로 황량하고 텅 빈 늦가을 뜨락을 찾아오는 국화에는 그윽하고, 맑은 향기가 풍겨온다.
 나는 장미보다는 국화 같은 사람이 좋다. 그리고 도시의 화려한 건물보다 시골의 돌담집을 더 좋아한다. 나도 한때는 도시를 동경한 적도 있지만 시골에 정착한 후부터는 이 생활을 얼마나 감사하게 여기며 하루하루를 보내는지 모른다.
 신선하고 맑은 공기 속에 일하며 살아간다는 것은 커다란 기쁨이요, 축복이다. 새소리 대신, 자동차의

요란한 소음에 눈을 뜨고 안개와 이슬에 젖어, 흙을 밟으며 일을 나가는 대신, 희색 건물들이 즐비한 거리를 지나 무표정한 얼굴을 한 사람들 속에 섞여 차를 타고 일터로 나가야 한다는 것은 참으로 황폐한 풍경으로 여겨진다. 물론 많은 사람이 생활을 위해서 어쩔 수 없이 온갖 소음과 매연, 그리고 정신적 스트레스 속에서도 도시를 벗어나지 못한다는 것을 알고 있다.

그리고 사람이란 사회적 동물이기 때문에 어떠한 환경에 처한다 해도 적응해 나가고 결국에는 아주 무디어져 버린다는 것을 잘 알고 있다. 만약에 지금 천재지변이나 극심한 경제적 공황이 일어나 5·60년대로 돌아가게 된다 해도 사람들은 얼마든지 살아갈 것이다. 오히려 그 편이 나을지도 모르겠다.

그 시절에는 자연과 인간은 밀접한 관계가 될 수 있었고 가난했지만 인정이 살아있었기 때문이다. 지금은 모든 것이 풍요롭고 편리한 세상이지만 개인주의 물질 만능주의에 물들어 가고 아주 큰 일이 아닌 것에는 기쁨을 느낄 줄도 모르고 자기 일이 아닐 바에는 관심을 두지 않는다. 어디 그뿐인가. 계절의 변화에 대해서도 그다지 관심을 두지 않고 자연에 대해서는 거의 경외심을 느낄 줄 모른다. 시대와 문화의 발달로 농촌에도 많은 변화가 일어났고 곳곳이 비닐하우스로 가득하다 보니 제철이 아닌데도 과일이며 채

소를 얼마든지 구할 수 있게 되었다. '한겨울에 딸기를 먹을 수 있는 세상이다. 정말 살기 좋은 세상이다.'라고 사람들은 입을 모은다. 과연 그럴까?

땅이 병들어가고 풀 한 포기 나무 한 그루에도 관심을 두지 않는 현대인들의 마음이 병들어가고 있다는 것을 알고 하는 소리인지 모르겠다. 물론 나 역시 자연만을 벗하여 살아갈 수는 없기에 일을 하지 않을 수 없고, 유기농법만으로는 힘들다는 것도 알고 있다. 다만 부단히 모색하고 노력하고 있는 것이다.

나도 약간의 농사와 채소 하우스 재배를 터전으로 살아가고 있는 평범한 농부 (분제) 일 뿐이다. 때론 일이 고되고 힘들게 여겨질 때가 있다. 그럴 때면 잠시 일손을 놓고 아이들 손을 잡고 산길을 걷는다.

봄이면 진달래로 뒤덮이고 초여름이면 아카시아 향내가 가득한가 하면 가을에는 소녀처럼 깨끗하고 여린 들국화가 반갑게 맞아준다. 그리고 낙엽도 사라질 무렵이면 흰 눈이 곱게 쌓인다.

자연이 주는 풍성한 부(富)를 마음껏 누릴 수 있으니 조금 가난한들 어떤가. 아이들은 그들이 알고 있는 동요를 소리 높여 목청껏 부르다가도 고추잠자리를 발견하면 어느새 얌전하고 진지한 얼굴이 되어 살금살금 발을 옮긴다. 그러다가 눈치 빠른 그 곤충이 날아가 버리면 그새 맑고 명랑한 웃음소리가 고요한 오솔길에 오랫동안 머문다.

참으로 아름답고 행복한 순간이다. 초등학교에 다니는 두 딸아이는 잠자리보다는 바위 옆에 무리 지어 피어있는 들국화에 더 마음이 끌려 탄성을 지르며 뛰어가더니 조그만 손에 가득히 꽃을 안고 돌아온다.
 나는 내 아이들이 컴퓨터보다도 산길과 다람쥐와 들꽃과 더 친하게 지내길 바란다. 육체와 정신이 모두 건강하길 바라고, 정서적으로 풍부한 감성을 지니게 되길 기도한다. 또 자신보다는 타인을 생각할 줄 알고 자연이나 짐승을 사랑하는 마을을 갖게 되었으면 한다.

오방에서 찾은 희망가

윙~

요란한 기계 소리가 귓전을 울릴 때마다 마당에 가득 널브러져 있던 나무들이 불 피우기에 알맞은 크기의 장작으로 뒤뜰에 긴 담처럼 쌓여간다.

예전에 어르신들이 수북이 쌓아놓은 장작더미를 보고만 있어도 부자가 된 듯 든든하다는 말씀이 길게 쌓여가는 장작더미를 바라보니 저절로 공감된다.

엿을 고려면 꼭 필요한 것이 장작이고 오랜 시간 불을 피우려면 많은 장작이 필요하기 때문에 장작을 준비하는 것이 가장 큰 연례행사 중의 한 부분이다. 옛날에 대갓집에서나 사용했을 만한 큰 가마솥에 엿기름물을 넣고 장작불을 피우고 활한 타오르는 불길에서 2시간여 동안 고고 있으면 지내온 이십여 년의 일들이 주마등처럼 스쳐 간다.

아무것도 할 줄 모르는 어린 나이에 시집와서 집안일과 농사일만도 힘에 부쳤지만 겨울마다 시어머니와 함께 밤을 새워가며 엿을 만드는 일은 너무나 어렵고 큰 고역이었다. 긴 시간 동안 엿을 완성해 가는 수많은 공정 중에 하나라도 소홀히 하거나 실수가 있게 되면 아까운 재료와 시간과 노력이 일시에 허사가 되기 십상이다. 엿 만드는 일을 처음 배울 때 왜 그리도 혹독하게 가르치셨는지 시어머니의 마음을 헤아리기는 한참 뒤의 일이다.

그렇게 일을 배웠던 내가 이제와서 주도적으로 상품을 만들어 가보고, 매해 똑같은 엿을 반복해서 만들어 내놓다 보니 무언가 부족하고 어딘가 허전함이 느껴지는 것이었다. 그래서 고객들의 입장에서 새롭게 눈과 입맛을 이끌 수 있는 방법이 없을까 나름대로 많은 궁리를 하게 되었다. 엿을 만드는 일은 혼자 하는 일이 아니고 마음 여자분들 여럿이 힘을 합쳐야 하는 일이어서 내 의도만의 방법이니 새로운 시도를 한다는 것은 그만큼 어려움이 많았다.

감기에 도움이 되라고 전통적으로 생강을 넣는 것을 보면서 우리 몸에 정말 도움이 되고 보기에도 예쁜 엿을 만들 수는 없을까라는 생각으로 주변에 있는 많은 재료를 가지고 실험을 했다.

딸기도 넣어보고 쑥이나 단 호박, 검정콩, 고구마 등 직접 농사를 짓거나 마을에서 재배한 곡식이나 과일로 실험하기를 수백 차례 거듭하는 동안 가족이나 동네 분들의 걱정과 질타도 있었지만 한 가지씩 예쁜 엿이 완성될 때의 성취감은 그 어떤 것과도 비교할 수 없었다.

지성이면 감천이라고 했던 것처럼 수많은 시행착오를 거치는 가운데 전국에서 아니 지금까지는 없었던 오방엿이라는 새로운 엿을 만들었고 2008년 때마침 우리 지역이 최초로 슬로시티로 지정되어 전통 슬로푸드의 관심이 높아질 무렵 오방엿의 우수성을 인정받아 특허까지 받게 되었다. 그동안 각 가정에서 주먹구구식으로 만들어지던 전통쌀엿이 오방엿을 계기로 슬로시티의 새로운 경제적 부가가치를 창출할 수 있는 아이템으로 인정받은 것 같아 너무나 뿌듯했고 감사했다.

농촌의 당찬 메아리이고자

　따르릉, 따르릉. 새벽 4시 반. 탁상시계가 있는 힘을 다해 울어대면 우리 부부는 잠의 유혹을 펼쳐버리고 일어나 마라톤 선수가 긴 출발을 앞두고 있는 것처럼 초긴장으로 새로운 하루를 맞는다. 10여 년간 반복된 이 생활. 그 세월의 무게만큼이나 누적된 피로는 매일 새벽 자리에서 일어날 때마다 갈등을 겪게 한다. 그러나 그날의 계획을 생각하면 정신이 퍼뜩 나며 잠시의 투정도 용납되질 않는다.

　초여름엔 하루해가 빨리 나고 길어 활동할 시간이 많지만, 한낮은 너무 뜨거워 일을 할 수가 없다. 특히 한증막처럼 펄펄 끓는 비닐하우스에서 풋고추를 따기란 무척이나 곤혹스럽기 때문에 어슴푸레 밝아 오는 새벽은 더할 나위 없이 귀중한 노동 시간이다.

　아이들보다 더 애지중지 돌보는 고추와 소는 거짓말하지 않듯 우리의 땀과 노력으로 기른 고추는 허기도 잊을 정도로 잘 자라주었다.

　날씬하게 뻗은 가지 사이로 진초록의 고추가 방긋거리며 내 손끝에서 건들거린다. 따고 나면 또 그만큼 매달리는 고추가 그렇게 예쁠 수가 없다. 흡사 우리 아이들처럼 사랑스럽기까지 하다.

　오늘의 이 수확을 위해 지난겨울부터 쏟은 정성이 얼마만큼 인가.

　씨앗을 뿌리고 이식한 뒤에는 또다시 다른 비닐하우스로 옮겨야 하는데, 이때 온도 조절과 관리에 매우 신경 써야 한다. 그러한 노력에 대답이라고 하듯 고추는 잘 자랐고 열매도 많이 열렸다. 아이들 투정은 받아주지 못하면서 고추가 조금이라도 이상한 몸짓을 보이면 우리 부부는 초긴장이 된다.

　비닐하우스를 여섯 동이나 관리하다 보니 우리 부부는 식사도 제때 못할 정도로 바쁘다. 초등학교에 다니는 아이가 귀중한 줄은 잘 알지만, 마음과 달리 일에 쫓기다 보면 아침 식사조차 제대로 챙겨주지 못한다. 몇 번이나 깨워야 일어나는 아이들을 두고 일터로 나가야 하기 때문이다. 내가 부지런히 고추를 따고 있을 시간에 아이들은 달콤한 잠에 빠져 있다가 아침도 못 먹고 정신없이 등굣길에 나서곤 한다.

　허기진 속도 잊은 채 학교로 달음질하는 아이들. 세수를 했는데도 눈가엔 좁쌀 같은 눈곱이 그대로 있다. 아이들이 등교한 뒤 3시간이 지나서야 우리 부부는 집에 온다. 아이들이 한바탕 전쟁을 치른 집안은 어디 한군데 깔끔한 구석이 없다. 그러나 청소보다는 허기진 배를 달래는게 급하다. 주방으로 향한 나는 식탁 위를 보고 "아이고 애들, 또 밥을 안 먹고 갔네" 하면서 걱정스러운 말이 튀어나온다.

아침 내내 일했지만 아이들한테 미안해 수저 드는 마음이 천근만근 무겁다. 다행스럽게도 아이들은 별 투정이 없고, 그런 아이들이 늘고 많고 대견스럽다. 도시처럼 문화 혜택을 다 누릴 수는 없지만, 최선을 다해 아이들을 뒷바라지하겠다고 다짐해 본다.

때늦은 아침을 먹은 뒤 새벽이슬을 피해 가며 딴 고추를 크기별로 분류한다. 우리 아이들보다 더 귀하게 키웠지만 모두가 제대로 자란 것은 아니다. 상중하로 구분해 이름과 주소, 전화번호까지 인쇄한 상자에 담아 포장한다. 워낙 양이 많아 상자에 정확한 양을 분류해서 담는 것도 숨이 찰 정도다.

그래도 우리 집에서 농산물 공판장까지는 20분 거리여서 판매 부담은 그리 크지 않다. 하지만 세상에 어디 쉬운 일만 있는가, 잘 가꾼 물건이 비싸게 팔리면 좋으련만. 그러나 물건 값은 매일 다르게 산정되고, 우리는 그 경매 가격에 따라 울기도 하고 웃기도 한다.

지난해에는 상상외로 고추 가격이 좋았다. 그런데 하늘이 시샘을 했는지 전국을 강타한 올가을 태풍은 우리에게도 큰 피해를 주었다. 비닐하우스의 절반 이상이 완파 되는 엄청난 재난 앞에 우리 부부는 망연자실했다. 어떻게 일궜는데, 아직 융자금의 절반도 갚지 못했는데?

눈앞의 현실이 꿈이길 간절히 바랐다. 그 단단하던 철 구조물이 엿 가락처럼 휘어지고, 한창 신명나게 따던 고추가 처절한 모습으로 변한 것을 보면서 아득한 벼랑 끝으로 추락하는 고통을 맛보았다.

열심히 일하건만 미래는 여전히 불투명하고……. 절망을 딛고 우리는 다시 일어섰다. 생각지도 않았던 곳에서 도움의 손길이 쏟아졌다. 장마 뒤의 뙤약볕 열기도 마다 않고 내 일처럼 도와주는 봉사자들을 보면서 생각보다 빨리 희망을 되찾을 수 있었다. 흰 철 구조물을 펴서 세우고 만신창이된 비닐 대신 새것을 덮으며 뒤땅을 일구었다.

지난 일은 잊혀진다고 했던가. 다시금 수확의 기쁨을 맛보면서 지난 고통이 잊혀지는 것 같았다. 그러나 비닐하우스를 새롭게 세우면서 무리한 탓인지 어깨가 걸려 밤이면 저리고 쥐가 난다. 약에 의존해 지내면서도 수확한 고추가 제값에 판매되기만 하면 기쁘게 일할 수 있을 것 같았다. 그러나 시세는 여전히 파도처럼 춤을 추며 희망과 절망을 오가게 한다.

남편을 공판장에 보내는 마음이 매번 가볍지 않은 것은 올해도 여전히 가격이 불안정기 때문이다. 좋은 가격이 형성되길 바라는 마음으로 축사로 발걸음을 옮긴다. 밤새 잘 지냈는지, 사료와 짚은 잘 먹었는지 세심하게 살펴본 뒤에는 이미 익숙해진 분뇨 냄새를 맡으며 청소를 한다. 힘든 일은 주로 남편을 맡고 있지만,

바쁠 때에는 내 손이 더 많이 간다.

　고추와 소를 한결같은 마음으로 키우지만 여기저기 예기치 못한 피해는 늘 우리를 긴장시킨다. 지난 98년 소 파동, 조금이라도 좋은 시설에서 사육하기 위해 투자했건만 소 값이 절반 이하로 뚝 떨어지고 사료 값은 천정부지로 치솟으면 빚이 늘었다. 그런데도 우리는 용케도 잘 버텼다. 게다가 올해 초 경기 북부를 휩쓸었던 구제역 파문도 예외는 아니다. 거리가 떨어져 있어 직접적인 화는 면했지만 그 피해는 피부로 느껴졌다. 얼마 지나면 축산업도 완전히 개방된다는데 과연 우리 같은 소규모 축산인은 설 자리가 있을까? 부모님이 물려주신 농축산업에 젊음을 바치고 이제 겨우 일어서려 하는데 짙은 안개가 드리운 듯 미래에 대한 확신이 서지 않는다. 소와 고추를 안심하고 키울 수 있도록 가격이 보장될 수는 없을까?

　우리는 그것을 읽으며 눈물을 흘렸고 감동과 보람을 느꼈다. 이웃을 도울 수 있다는 사실에 감사했고, 평소 소홀했던 주변과 내가 갖고 있는 것들이 얼마나 소중한 지를 새삼 깨닫는 계기가 된 것은 물론이다.

　어려운 사람이 어려운 사람을 돕는다고 했던가. 농촌에서 일하며 만든 주부대학 모임에서 불우 이웃을 돕자는 의견이 나왔다. 그때 전원이 한마음 되어 너무나 열정적으로 참여하는 것을 보며 아직도 우리 사회에는 절망보다 희망이 더 크고 앞으로도 그러하리라는 믿음이 생겼다. 이러한 주부 활동이 차차 알려지면서 처음에는 '여자들이 모여 수다나 떨겠지' 하던 주위 사람들도 우리도 새롭게 바라보기 시작했다.

농촌의 밝은 미래를 위해 애쓸 터. 얼마 전에는 농협 전주교육원에서 농촌 주부의 생활과 주부대학 모임의 활동에 대해 강의를 해달라는 뜻밖의 요청이 왔다. 강의라. 그것도 전국의 주부대학 회원 수백 명 앞에서. 생각도 못했던 일이었다. 내가 무슨 배짱으로 수락하기로 했는지 생각도 나지 않았다. 늘 대하는 사람들 앞에서라면 말을 하다가 실수를 해도 웃으면 그만이지만, 교육원 강의는 그렇지가 않다. 그곳에서 강의하는 사람들은 텔레비전에서 강의하는 사람들 못지않게 능란한 언변을 구사한다.

'어떻게 할까. 무슨 말을 하지?' 두렵고 답답했다. 먼저 지금까지의 삶과 현재하고 있는 일들을 차근히 원고지에 옮겨 봤다. 말이 잘 나오지 않으면 원고를 읽기 위해서.

햇볕에 그을린 얼굴과 갈라진 손끝이 부끄러울 정도로 강의실에 도시 사람들이 많이 와 있었다. 단상에 올라서서 인사를 한 뒤, "저, 그 저는 전남 담양군 창평에서 온 00입니다."하고 앞을 보니 강의실을 가득 메운 사람들이 아득하게 느껴졌다. 영화 '타이타닉'의 주인공처럼 배 끝에 서 있는 기분이었다. 한없이 떨리는 상황에서 나는 준비해 온 원고대로 읽어 내려

갔다. 그러던 중 낯선 사투리의 질문이 내 숨통을 트이게 해주었다.

"듣고 보니 고추 농사를 잘하시나 보네요. 어떻게 하면 병을 예방할 수 있습니까?"

"제 경험으로 이렇게 저렇게 하니 잘 자라더군요?"라며 이웃 사람한테 일러주듯 말했다. 그 뒤 여기저기서 비슷한 질문이 쏟아졌고 가마득했던 단상도 어느덧 편안해졌다. 우리 농사꾼의 얘기에 귀 기울이고 있던 도시 주부 회원이 하얀 손을 들고 질문을 했다.

"듣고 보니 농약도 거의 치지 않는, 우리가 바라는 그런 고추네요."

"우리 아파트에서 그런 고추를 직접 사 먹을 수 있도록 연락처 좀 알려주세요."

내가 기대하던 그 얘기가 나오자 반가움으로 가슴이 콩닥거렸다.

이렇게 강의는 뜻밖의 수확과 함께 성황리에 끝났다. 그 먼 교육원까지 직접 차로 데려다주고 객석에 앉아 강의도 들었던 남편은 돌아오는 차안에서 '잘했다.'면서 '시골 아줌마 대단하더군. 나는 남자라도 그 위에 못 올라가겠더구만'하며 칭찬을 아끼지 않았다. 다른 어떤 사람의 칭찬보다 남편의 그 한마디가 더 기쁘고 반가웠다.

일을 제대로 안하고 돌아다닌다며 핀잔도 할만 할텐데 남편은 묵묵히 그 많은 일은 혼자 감당하면서도 짜증이 내기는커녕 든든한 후원자가 되어주었다. 이런 남편의 외조에 힘입어 농촌 주부도 사회참여에 앞장설 수 있다는 사실을 현실로 보여주고 싶고, 또 농촌 발전에 기여하겠다고 다짐해 본다. 또 내가 정성껏 키우고 가꾼 농작물을 도시 사람들에게 공급하면서 우리 농촌 현실을 알리는 작은 메아리가 됐으면 한다. 우리의 이러한 노력은 농촌의 미래를 밝히고, 또 그와 더불어 젊은 농업인의 어깨가 더욱 당당해지지 않을까. 우리처럼 젊은 사람들이 농촌에 환한 빛을 뿌렸으면 하는 소망을 품어본다.

作品論___

자연, 삶, 그리고 사물의 본질을 진솔하게 포용하는 노래
강순임 시집 『다향多香』

김 해 민
시인, 문학박사 과정

I. 자연과의 공존

프랑스의 철학자이자 소설가인 사르트르(Jean-Paul Sartre)는 '시인에게 언어는 외적(外的) 세계의 구조이며, 시인은 이름을 통해서 사물을 인식하는 대신에 우선 사물들과 무언의 접촉을 하고, 땅과 하늘과 물과 창조된 모든 것과의 독특한 유사성을 발견한다'고 하였다.

강순임 시인은 주변을 자연스레 자신과 연결하여 생명을 불어넣으며 시 소재와 자연과의 독특한 유사성을 발견한다. 시인의 시 속에는 글과 문장 속에 자연의 맛과 멋을 지니게 하고, 독자들이 공유하며 유사성을 갖게 하는 매력이 있다.

어린 시절 농산어촌에서 성장한 것만으로도 칠십 퍼센트는 시인의 자질을 지니고 있다는 말이 있다. 강순임 시인의 시 세계 속에 어릴 적 자연을 품었던 자신의 기억 서사가 녹아 있으며, 도시 생활의 삭막함과 대조하여 자연 그 자체의 아름다움을 노래한다.

 자연을 노래한 대표적인 시 「자연의 향기를 품은 시」에서 시인이 품고 있는 자연에 대한 찬미가 자연스레 묘사된다. 시인에게 도시의 빌딩 숲은 인위적이어서 소란 그 자체이며, 아스팔트 길은 그 인위적인 것들에 답답함을 더하게 된다. 탁한 공기주머니 속을 빠져나와 아낌없이 베풀어 주는 자연의 품에 안길 때 시인은 다시 일어설 생명력을 얻는다.

> 높은 빌딩 숲을 벗어나
> 바람 부는 언덕에 서면
> 세상의 모든 소란이 잠잠해진다
>
> 초록빛 나무들이 속삭이는 소리
> 작은 새들이 지저귀는 노랫소리
> 이 모든 것이 나를 위로하네
>
> 아스팔트 대신 흙길을 걷고
> 탁한 공기 대신 맑은 공기를 마시며
> 나의 지친 마음이 치유된다
> 이토록 모든 것을 아낌없이 주는

자연의 품에 안겨
나는 다시 살아갈 힘을 얻는다
　　_「자연의 향기를 품은 시」 전문

花笑聲未聽(화소성미청)　꽃은 웃어도 소리가 들리지 않고
鳥啼淚難看(조제누난간)　새는 울어도 눈물을 보기 어렵다

　방랑시인 김삿갓(김병연)은 위 시를 짓고서 '홀로 자연과 동화된 시인만이 꽃의 웃음과 새의 울음을 볼 수 있다'고 하였다. 강순임 시인의 시 세계는 자연에 깊이 동화되어 사람들의 관심을 별로 받지 못하는 것들조차도 시적 눈으로 찾아내어 인간에게 소중한 존재로 다가서게 한다. 예쁘게 피는 것이 아닌 것으로 인식되는 보리를 소재로 소소한 것의 소중함을 「보리꽃」으로 표출한다, 비록 피어나고 성장하면서 푸르기만 하여 화려하지 않아 눈에 띄지 않지만 누렇게 익었을 때 보여주는 황금빛 보리밭을 연상하게 만들며, 처음 모습은 그렇지만 나중에 우리 인간이 삶을 영위하는 데 소중하게 다가오는 보리에 독자로 하여금 동화되게 한다.

　　　황금빛 들판을 꿈꾸며
　　　푸른 물결 일렁이는
　　　이름 없는 작은 꽃
　　　바람이 불어올 때마다

>나지막이 흔들리며
>소리 없이 피어나는 너
>
>화려하지 않아도 괜찮아
>그 자체로 아름다운 너의 순수함
>고개 숙인 겸손함이 더 눈부시네
>
>가난한 시절의 배고픔을 달래주던
>수많은 생명의 뿌리가 된
>작고 소중한 꽃, 보리꽃이여
>   _ 「보리꽃」 전문

 사방을 뜨겁게 달구던 더위지만 세월의 흐름을 거역하지 못해 가을바람에 시들어가는 여름을 소재로 인간의 인생무상을 입혀 시간 흐름의 아쉬움을 노래한 「늦여름」에서도 인간과 자연의 공존을 노래하고 있다. 시인에게 계절의 바뀜은 단순히 시간이 지나간다는 것 이외에 자신의 시간도 가고 오는 것이며, '때 이른 가을바람'은 인생을 덧없이 시간만 재촉하는 것이다.

>장미꽃 무더기로 진다
>붉게 피어올랐던 걸음은 가고
>여름의 뜨겁던 열기를 안고
>계절의 고개를 넘는다
>여름 가고
>가을 오면

내 한 시절도 가고 오는데

　　아,
　　꿈처럼 가고 오는
　　시간이여
　　세월이여

　　소리 없이 스쳐 가는
　　때 이른 가을바람은
　　어디에서 불어왔다
　　어디로 가는가
　　　　　　　　_ 「늦여름」 전문

 강순임 시인은 자신이 거주하고 있는 지역의 자연 모습도 간과하지 않는다. 지역을 상징하는 식물인 대나무에 대한 애정을 드러낸 「대나무 사랑」에서 인간이 지녀야 할 진정한 사랑의 모습을 대나무에서 찾는다. 우리 인간은 사랑을 하게 되고 시간이 지나면 애정이 시들할 수도 있겠지만, 시인은 추위와 눈보라에도 꿋꿋한 대나무처럼 사랑을 지속하고 싶은 마음과 필리아(philia)적인 사랑이 아닌 아가페(agape)적인 사랑을 추구한다.

　　우리 사랑은 영원히 푸른빛으로
　　한겨울에도 시들지 않는
　　청죽 같은 대나무를 닮고 싶다

받기보다는 주며
원망보다는 끊임없는 사랑으로
촛불처럼 내 몸이 불타오를지라도

웃으면서 하늘을 볼 수 있는
넓은 영혼의 깊이를 간직하고 싶다
_ 「대나무 사랑」 전문

 젊은 나이에 낯선 곳에 시집와 40년의 세월을 살아온 창평 지역에 관한 깊은 애정을 「창평의 가을밤」에 담았다. 시인에게 창평의 자연은 그저 평범한 주변이 아니며 비록 타향이지만 애틋함과 간절함이 온몸에 휘감긴다. 하루의 일과를 마친 후 노을 진 가을과 금새 어둠이 퍼져나가 깊어 가는 가을밤 정취를 느끼며, 다가오는 창평의 밤 모습을 가슴으로 품는다.

차오르던 노을이
산사의 저녁 종소리에
어둠으로 흩어지고
새들도 속세를 떠난다.

방울방울 맺힌 눈물 바라기
풀벌레 소리
잦아드는 귀울음
애간장을 녹인다

풀뿌리 마른 입술
밤이슬로 목 축이고
가쁜 숨 다독이며
고개를 들어 하늘을 본다

산허리 휘감아
억새도 일어서니
창평 하늘에
가을 달이 높다
　　　　　_ 「창평의 가을 밤」 전문

Ⅱ. 아름다운 가족애家族愛

　독일의 낭만주의 시인 노발리스(Novalis)는 시인의 본질을 '마음속에 일어나는 일을 막힘없이 말할 수 있어야 한다'고 말했다. 우리 인간에게 있어 가장 표현하기 어려운 소재 중 하나가 가족 이야기일 것이다. 하지만 강순임 시인은 마음속 간직하고 있는 가족에 대한 애정을 과감하게 표현하며 배우자와 자식에 대한 지고지순한 사랑을 드러내어 독자의 심금을 자극한다.

　「남편 사랑」은 8행의 짧은 시지만 배우자에 대한 사랑의 모든 것을 담는다. 살아오면서 어렵고 힘들 때 의지할 수 있는 버팀목이 되어준 남편의 든든한 품과 손길. 그런 남편과 함께라면 아무리 험한 가시밭길도 아름다운 꽃길로 바꾸며 평생을 함께 할 수 있다는 시인의 의지를 드러낸다.

별들이 빛나는 밤하늘 아래
내게 온 그대는 따뜻한 별 하나

길 잃은 나를 안아준 든든한 품
힘겨운 날에도 변치 않는 사랑

그대와 함께 걷는 길은
모든 계절이 아름다운 꽃길

지친 어깨를 감싸는 다정한 손길
그 손 놓지 않고 평생 함께 걸으리
_ 「남편 사랑」 전문

배우자에 대한 신뢰와 애정의 표현은 「당신」에서도 계속된다. 삶에 지쳐 길을 방황하며 주저앉을 때 센 바람으로 나를 흔들어 깨우고 넓은 마음으로 감싸주는 상대에 대한 진솔한 사랑을 노래한다.

꽃이 피는 봄날의 햇살처럼
나의 마음을 따스하게 비추는 당신

어둠이 내린 밤하늘의 별처럼
길 잃은 나에게 빛이 되어준 당신

때로는 거친 바람처럼 나를 흔들고
때로는 잔잔한 바다처럼 나를 품어주네

내 삶의 가장 아름다운 페이지
모든 순간을 함께하고 싶은 단 하나의 이름

오늘도 내일도 영원히 사랑할
나의 소중한 당신
　　　　　　_「당신」 전문

　폴란드의 여류시인 비스와바 쉼보르스카(Wislawa Szymborska)의 시 「한 개의 작은 별 아래서」처럼, 강순임 시인은 일상적인 것들을 더 넓은 배경 속에서 재검토하고 꾸밈없는 언어로 곁가지를 제거하며 대상을 향해 곧장 나아가면서 돈호법 형식을 적용하여 대화체로 전개한다. 「내 사랑 아들」에서 아들을 앞에 두고 직접 이야기하는 듯한 대화의 형식으로 어머니로서 자식에게 해줄 수 있는 가장 깊은 애정이 담긴 글을 표현한다. 세상을 살아가면서 생길 수밖에 없는 삶의 어려움이 닥칠 때마다 아들을 향한 모정母情으로 이겨나가는 강한 모습을 보인다.
　시인은 상대가 비록 아들이지만 첫 연에서 존칭을 사용한다. 그만큼 몸과 마음이 혼란스러울 때 태어난 아들이 시인에게 소중한 존재이었으리라. 둘째 연부터 시인은 아들에게 대화체를 사용한다. 그만큼 시인에게 아들은 대하기 편한 존재이리라. 아들이 어엿하게 성장하기까지 시인은 힘들고 늙어가지만, 큰 버팀목이 되어준 아들을 위해 무엇이라도 할 수 있다는 지극한

모성애를 대화하듯 독백하듯 전개하는 시 표현이 돋보인다.

> 어머니에게 아들은
> 삶의 가장 든든한 버팀목이죠
> 그 마음을 담아 시를 써 드릴게요
> _내 사랑 아들」 1연

> 때로는 거센 바람처럼 다가와
> 나를 흔들기도 했지만
> 결국 너의 존재 자체가
> 나를 지탱하는 힘이 되어주었지
> 가끔은 너의 뒷모습에서
> 성장한 너의 키만큼
> 깊어진 나의 그림자를 보지만
> 그래도 괜찮아, 아들아
> 네가 나의 든든한 버팀목인 것처럼
> 나 또한 너의 영원한 편이 되어줄 테니
> _ 「내 사랑 아들」 6연

Ⅲ. 삶의 잔미 매개로써의 시詩

자아自我를 세계화하는 수필가隨筆家와 달리 시인詩人은 세계世界를 자아화自我化한다. 시詩란 시인의 경험과 성찰을 언어로 걸러내는 장르이다. 시인이며 소설가인 헤르만 헤세(Hermann Hesse)는 그의 예술관에서 '예술 작품이란 예술가의 영혼 속에 깃들어 있는 형상'이며, '혼란스럽고

고통스러운 인생의 창조적 정신의 표출'이라 하였다.

  강순임 시인은 희노애락喜怒哀樂이 존재하는 우리 인간이 지녀야 할 기본적인 마음가짐을 자신의 시를 통해 표출한다. 살아가면서 혼란과 고통이 주어지는 시간이 있겠지만 강순임 시인은 자신이 겪은 삶의 페이지들을 그 바쁜 생활 속에서 시로 승화시킨다. 「주경야독」에서 생계를 유지하기 위해 낮의 고된 시간이 지난 후 편안함에 안주하지 않고 미래를 향한 학문 습득의 의지를 보여준다. 시인의 하루에서 낮은 땀 흘려 일하며 고되고 지친 시간이지만, 피곤한 몸을 밤 세계에 그저 던지지 않고, 이번에는 지식 탐구를 위해 땀을 흘린다. 세상을 밝히는 등불이 되겠다는 각오를 하며.

    낮에는 땀 흘려 일하고
    밤에는 책을 펴는 그대여
    꺼지지 않는 등불 아래
    꿈을 향한 열정 불태우네

    고된 하루의 끝
    지친 몸을 이끌고 앉아
    한 글자 한 글자 새겨 넣는
    미래를 향한 희망의 씨앗

    세상의 소란이 잠든 시간

고요 속에 피어나는 지혜의 꽃
어둠 속에서도 빛을 잃지 않는
그대의 노력이 아름답다

그대의 땀과 노력이
언젠가 활짝 피어나
세상을 밝히는 등불이 되리라
_ 「주경야독」 전문

하루의 시작을 노래한 「새벽」은 상당수의 인간이 마지못해 맞닥뜨리는 새벽을 '신神이 주신 귀한 선물'로 표현한다. 새벽은 어젯밤 죽은 자가 그렇게 바라던 시간이기에 더욱 소중하다. 힘들고 지칠 오늘의 시작이지만 전개될 하루를 찬미하고 자연과 함께 즐겁게 맞이한다.

아침을 깨우는 소리
창밖에 새들 지저귄다
神이 주신 귀한 선물
하루를 받아들고
새들이 즐거워한다

아, 내게도 소중한 새벽이여!
어제 죽은 누군가에겐
더욱 소중한 오늘이여!
창문을 연다

아침을 연다
귀한 하루의 문을 열고
가볍게 댓돌을 딛는다
　　　_「새벽」 전문

「늙어간다는 것」에서 거울을 보며 젊은 시절의 아름다움을 회상하며 몸도 마음도 지쳐있는 자신을 비춰본다. 어느 날 문득 지나온 삶의 모습들이 주마등走馬燈처럼 스쳐 지나가며 시인은 회환回還에 젖어든다. 삭신 여기저기 아픔만이 아니라 마음의 아픔도 큰 적이 많았지만 즐겁고 기뻤던 날도 있었기에 삶이란 그러려니 하며 스스로 위안 삼는다.

하루가 다르게
피부가 늙어가는 모습

무너져 내리는 육신의 뼈들
돌아 누울새라 아이쿠 아이쿠
그동안 쌓여가는 세월 속에
슬픔 한가득
눈물 한 바가지
아픔들이 하나하나 떠오른다

하지만 즐거웠던 순간들이
기뻤던 날들도 있었기에
손가락 꼽아가며 더듬어 본다

아-- 그날들이여

　　그래서
　　산다는 것은 결코
　　쉬운 것이 아니라 하네
　　　　_늙어간다는 것」 전문

　다향多香 강순임 시인의 시는 자서전적 내용을 소재로 하는 경우가 많다. 평범한 보통 사람들보다 몇 배 열심히 삶을 가꾸어 가는 사람 중 한 분이어서 삶의 과정이 시 소재로 자주 등장한 것이리라.
　회갑을 갓 넘긴 60대이지만 여전히 예쁜 모습을 간직하면서 주변에 다양한 향기를 퍼뜨리는 팔방미인이다. 시어머니에게서 전수 받은 '전통쌀엿'을 '오방쌀엿'으로 개발하여 국가 주요 상을 수상한 장인이며, '왕발 여사' 별명을 받을 정도로 거주하고 있는 지자체를 위해 다양한 부문에서 활동적이다. 학문 탐구에 대한 열정으로 늦은 나이에 바쁜 일상을 쪼개 대학을 졸업하였고, 그렇게 바쁜 일상을 거치면서도 틈틈이 시를 짓고 수필을 쓰는 타고난 문학가이며, 지역 문학단체와 사회단체 활동도 적극적이면서 친화력도 높은 멋진 여류시인이다.
　多香 시인의 첫 시집 『다향多香』 발간을 축하드리며, 자연의 향기를 가득 품은 시와 언제까지나 함께 하시길 기원한다.

현대문예 작가선 · 184

다향 | 강순임 시집

지 은 이 / 강 순 임
발 행 인 / 황 하 택

찍 은 날 / 2025년 11월 3일
펴 낸 날 / 2025년 11월 5일
발 행 처 / 도서출판 현대문예

주　　소 / 광주광역시 동구 천변우로 361-6
전　　화 / (062)226-3355 팩스 (062)222-7221
cafe.daum.net/ht3355
E-mail / ht3355@hanmail.net

등록번호 / 제05-01-0260호
등록일자 / 2001년 12월 31일

정가 15,000원
ISBN 979-11-94185-11-6(03800)

* 이 책은 전라남도, (재)전라남도문화재단의 후원을
  받아 발간되었습니다.
* 잘못된 책은 구입처에서 바꿔드립니다.